主　编——袁岚峰
执行主编——张周项

我是未来科学家
THE YOUNG SCIENTIST

太空移民时代来了？

周炳红——著
金　莎——绘

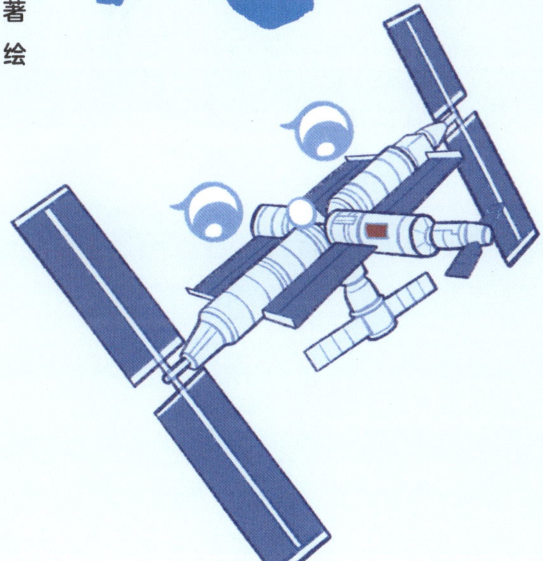

CTS K 湖南科学技术出版社·长沙

推荐序

亲爱的孩子们，当我翻开《我是未来科学家》这套书时，我仿佛看到了科学的无限可能，也看到了你们充满好奇和渴望知识的眼睛。科学，是一场永无止境的探险。小时候在乡村的生活，让我受到了大自然的熏陶和感染，对科学好奇的种子或许那时就已经萌发。然而，我的科学之旅，可以说是一本《化石》杂志开启的。那是我在高中时期，一次偶然的机会，班主任为我们订阅了这本杂志，它让我第一次近距离接触到地球与生命科学的世界。在科研的道路上，我经历了不少的挑战与困难，但我始终保持着那份对科学的好奇与热爱。

在 21 世纪的今天，科学的发展日新月异，科学不仅仅是实验室里的研究，它更是推动社会进步、改善人类生活的强大力量。前沿科学代表着科技发展的最先进部分，是推动社会进步和持续发展的重要力量。普及前沿科学，对于提高公众的科学素质、培养孩子的科学精神和创新意识具有重要意义。它不仅能够拓宽你们的科学视野，还能够激发你们对未知世界的探索欲望，为未来的科技创新储备人才。

这套书，就像是一扇通往科学世界的窗户，让你们能够窥见前沿科技的魅力。在《我是未来科学家》中，10位专家为孩子们呈现了人工智能、生命科学、能源开发、量子科技、虚拟世界、太空探索等10个领域的最新技术及原理、实际应用以及改变世界的力量，讲述了科学家奋斗的艰辛历程。这套书不仅展示了科技的巨大潜力，也为我们指明了未来发展和前进的方向。孩子们将在书中感受到，科学并非遥不可及，而是就在我们的生活中，只要我们用心去发现，就能找到它的踪迹，激励我们去追寻那些尚未被揭示的科学奥秘，去挑战那些看似不可能的问题。

孩子们，你们是科学的未来，是国家的希望。期待你们在阅读这套书的过程中，能够感受到科学的魅力，激发起对科学的热爱和追求。希望你们保持对科学的好奇心，勇于挑战未知，成为未来的科学家和创造者。

最后，我要感谢这套书的编创团队，他们用生动的语言和精彩的故事，为大家描绘了一个充满奇幻和奥秘的科学世界。我相信，在这套书的陪伴下，你们一定能够放飞科学的梦想，探索未知、创造未来！

中国科学院 周忠和

小朋友，你仰望过星空吗？

无论是月明星稀的月夜，还是繁星满天的夜晚，太空总能激起人类近乎本能的好奇心。在宇宙中自由飞翔，到月球与星星那里探索它们的奥秘，是全人类的梦想。

为实现这一梦想，一代又一代科学家付出了不懈的努力。

1957 年，苏联的“伴侣一号”卫星上天，标志着人类开始了探索太空的旅程。

这是人类第一颗成功发射进入地球轨道的人造卫星。从此我们放眼太空，看到的不仅有自然形成的恒星和行星，也终于有了人类自己安放在天幕上的微弱孤灯。

到今天，人类送到轨道上的人造卫星早已超过一万颗，它们和远方传来的星光一起把夜空点亮。

伴侣一号

1957 年　第一颗人造卫星

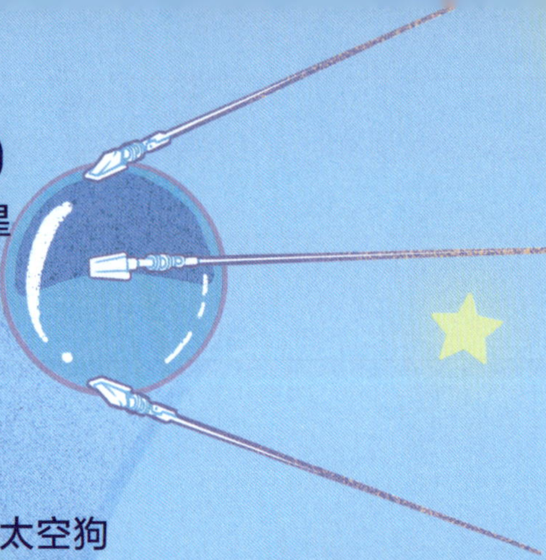

莱卡

1957 年　第一只太空狗

1961 年，苏联航天员尤里 · 加加林乘坐“东方一号”飞船成功飞出大气层，又开启了人类亲身进入太空的新时代。

后来又陆续有 600 多人紧接其后飞向太空，甚至美国“阿波罗”系列飞船还实现了载人登月，人类的双脚踏上了月球那布满环形山的表面。

东方一号

1961 年　第一艘载人飞船

阿波罗 11 号

1969 年　首次实现登月

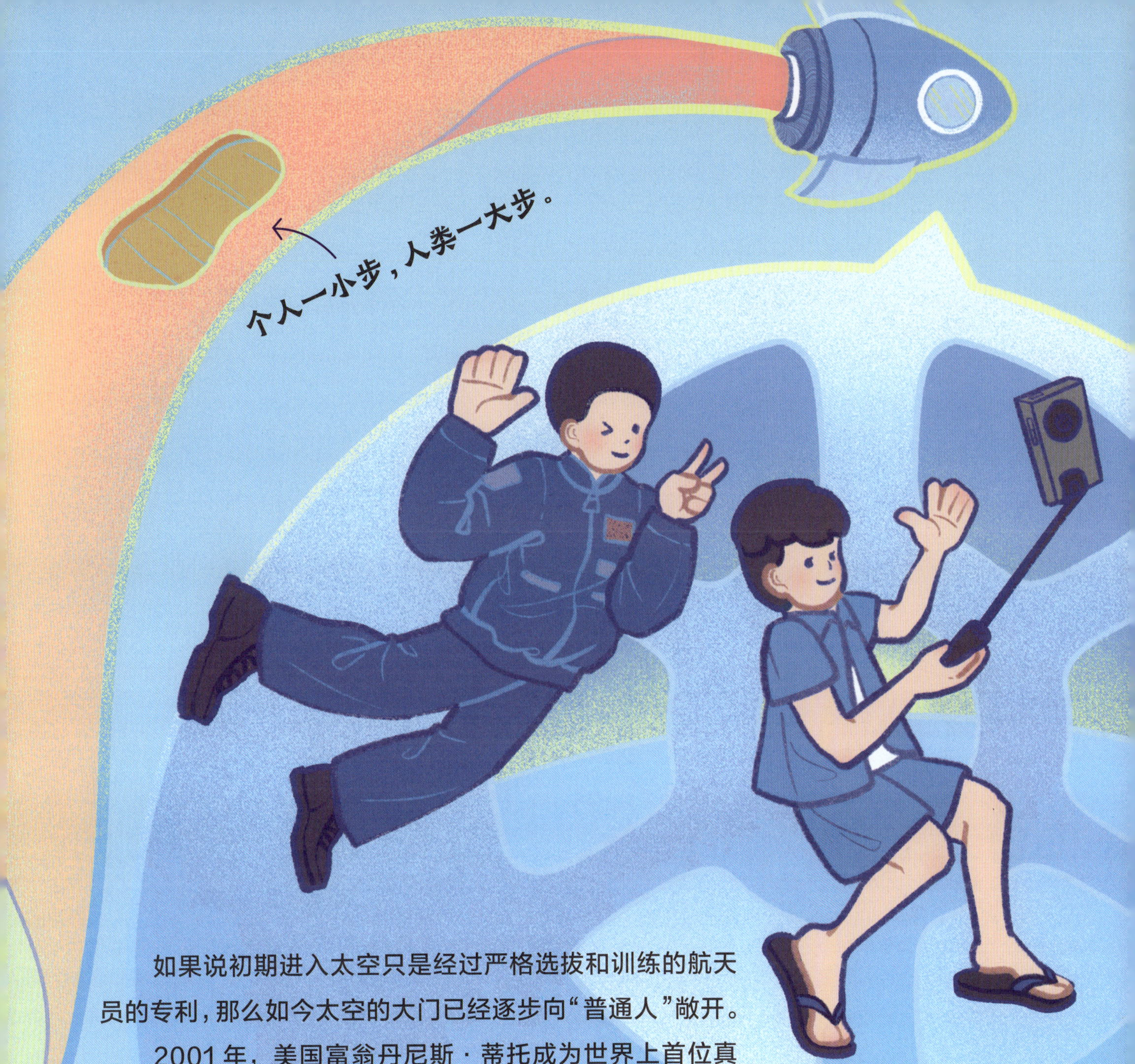

如果说初期进入太空只是经过严格选拔和训练的航天员的专利，那么如今太空的大门已经逐步向“普通人”敞开。

2001 年，美国富翁丹尼斯 · 蒂托成为世界上首位真正的太空游客，他搭乘俄罗斯“联盟 TM-32”号飞船到国际空间站旅游观光。

人类并不满足于走马观花式的太空探索，而是努力在太空中建设自己的家园——空间站。

现在太空上有两个空间站正在运行：一个是国际空间站，另一个就是中国的天宫空间站。一共有大约 10 名航天员长期在这两个空间站工作与生活。

在地球上的大部分地方，人们有机会用肉眼观测到这两个空间站。当它们划过夜空时，会像明亮的星星一样闪烁。

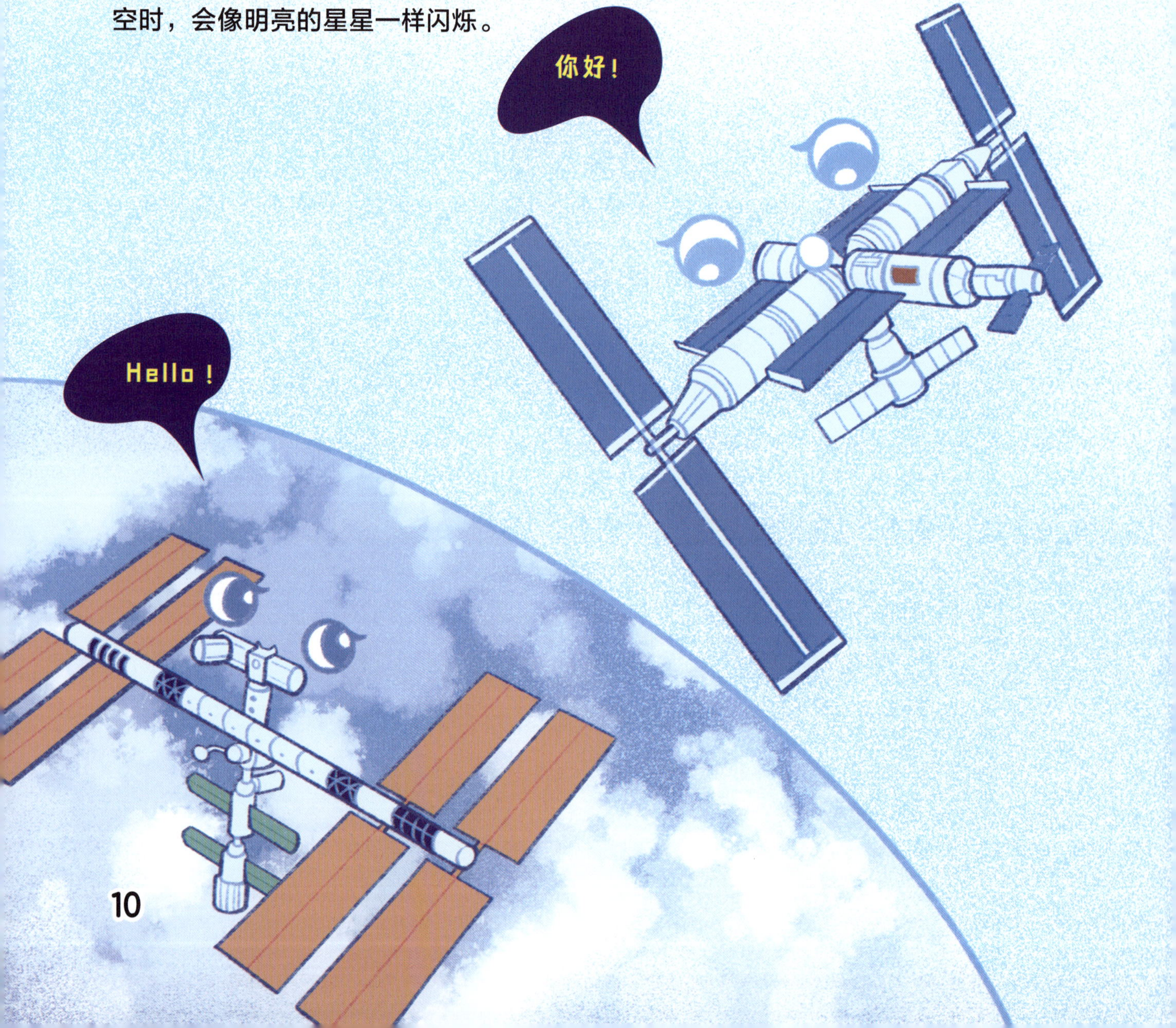

对航天员来说，在空间站上长期生活充满了各种挑战。

饮食挑战：

由于太空是微重力环境，航天员需要靠技巧性的“飞”来移动。进食时也需要格外小心，因为食物会飘浮在空中。

洗漱和卫生挑战：

在失重状态下洗澡并不容易，但现在已经有了专门的密封浴桶和手持喷水枪。航天员使用湿毛巾擦脸，采用密封式吸水法刷牙。理发和修剪指甲时他们也需要小心搜集碎屑，防止碎屑乱飘被航天员吸入肺中。

心理挑战：

隔离和孤独是太空生活的常态，航天员需要学会应对情感压力。
航天员可以通过虚拟现实技术、私密语音通道以及与地面的联系来缓解孤独感。

健康挑战：

微重力环境对身体会造成负面影响，航天员需要每天锻炼，以保持肌肉和骨骼健康。太空中没有大气层阻挡辐射，因此辐射问题也是一个重要的健康挑战。如何保护航天员在长期的太空生活条件下免受辐射伤害还需要进一步研究和应对。

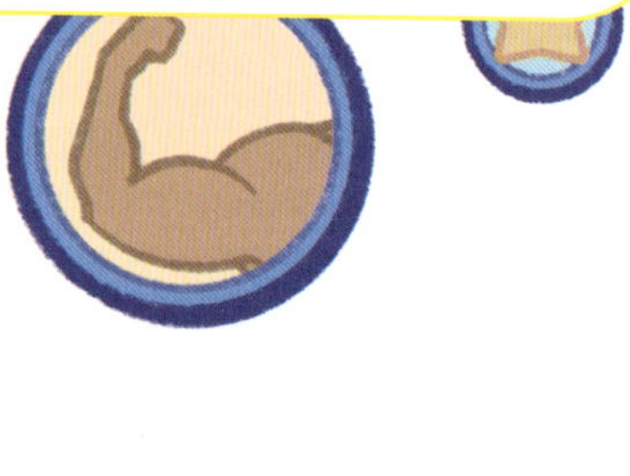

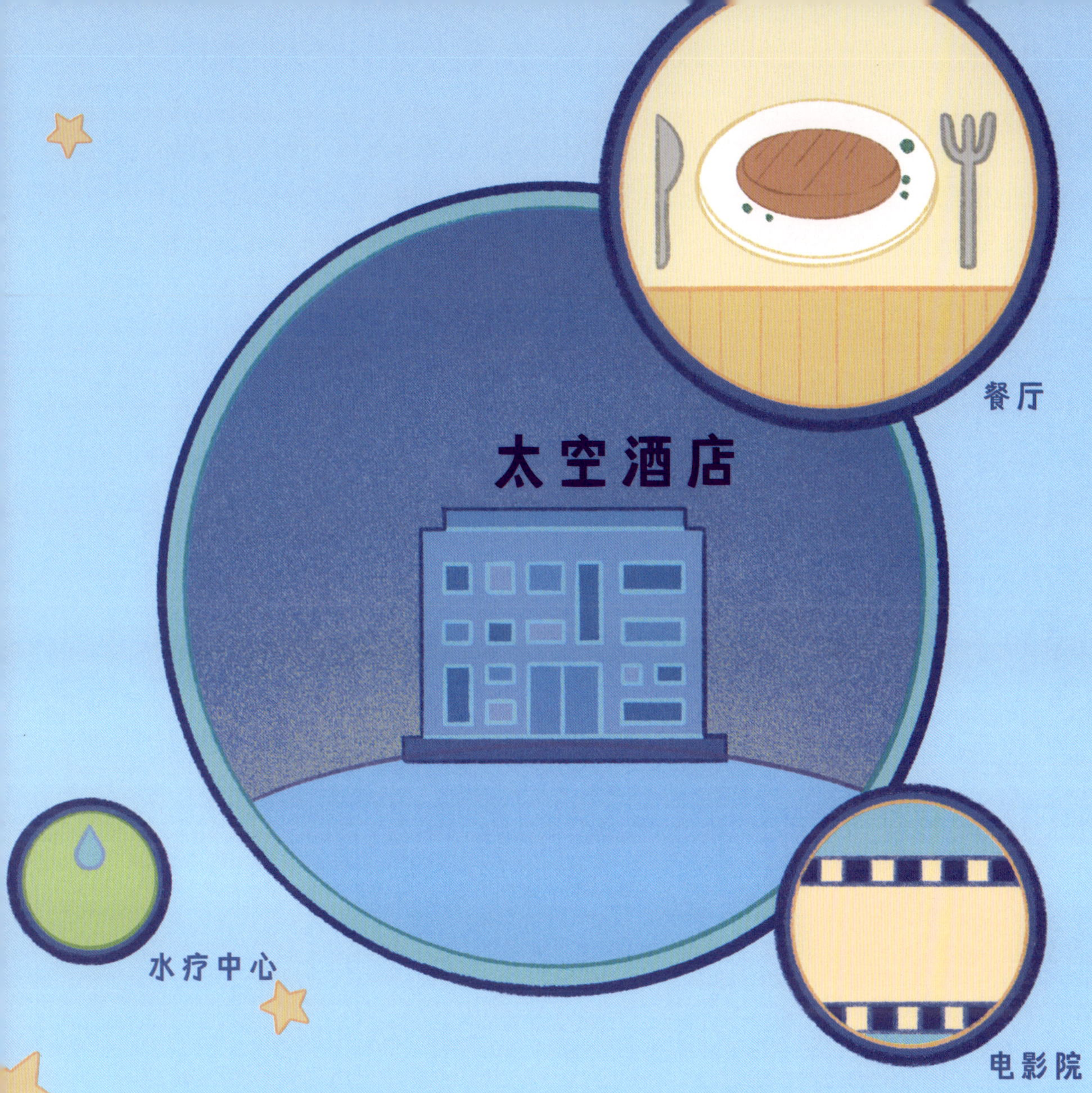

既然航天员能长期在太空中生活，那么普通人将来也可以吗？

据说，世界上第一家“太空酒店”将开建，它将配备餐厅、电影院、水疗中心以及可容纳 400 人的房间，也许在不久的将来，太空不再是遥远的梦想，普通人也能遨游其中。

然而，与训练有素的航天员不同，大部分普通乘客适应不了太空的微重力环境。为了让他们在太空生活得更加舒心，科学家想了不少办法。

有一部著名的电影《流浪地球》，电影中展现了一个巨型旋转空间站，其形状是一个巨大的圆环，由一系列吊舱连接在圆环的外部。

这种设计能通过旋转模拟出人造重力环境，人睡在里边的感觉跟在地球表面差不多。虽然这种重力水平达不到地球标准，但比起失重状态，对人类要友好多了。

从太空观光到太空长期居住只是人类迈向太空的第一步，人类的长远目标是太空移民。

围绕我们旋转的月球、我们的近邻火星，以及我们能观察到的那些类似地球的行星都成为了人类的目标，我们想在这些地方建设新家园，让人类能够在这些星球上生活。

虽然我们可以用太空望远镜观察它们，但这种观察方式终究没有亲自抵达了解得清楚。通过太空移民，我们可以更多地了解宇宙的奥秘，比如星星是如何诞生的？究竟有没有外星人？这些问题都有望得到解答。

地球上有些资源会越来越少，我们需要去太空寻找新的资源。

著名的科学家史蒂芬·霍金就说过：“如果人类只生存于一颗行星之上，人类的长期生存就处于危险之中……但是，一旦人类向太空扩展，在太空中建立独立的移居地，我们的未来就能得到保障。”

从时间维度上来看，宇宙的历史大约可以追溯到 138 亿年前。

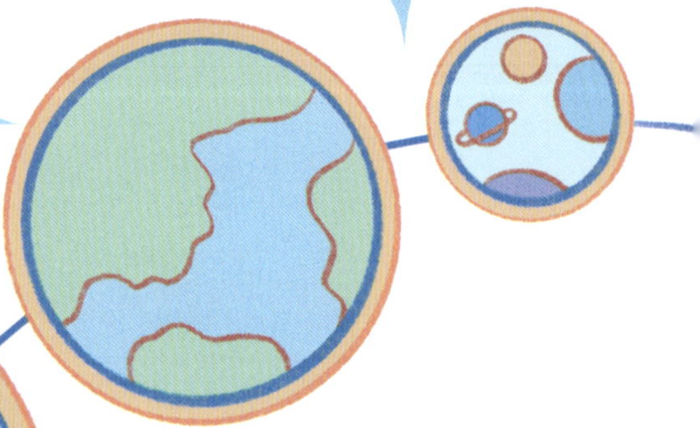

地球大约有 45 亿年的历史。

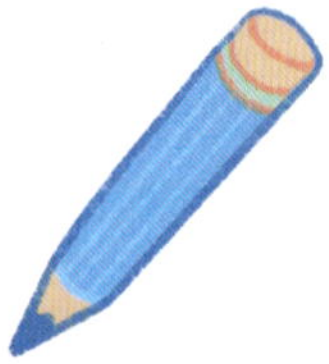

与之相比，具有文字的文明历史只有 5000 多年。

近代科学在 300 多年前才出现。

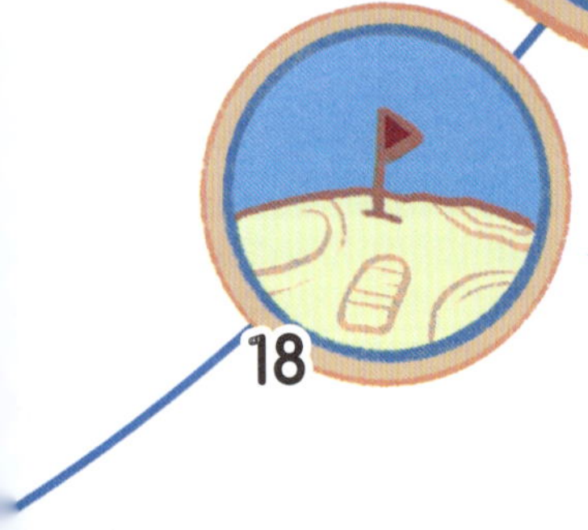

大约 50 年前，人类才勇敢地迈出了巨大的一步——登上月球。这些表明人类文明还只是个很年轻的“小朋友”。

如果人类能够成功实现太空移民，那接下来我们有希望实现跨行星文明，最终迈向跨恒星文明。

到了那时，人类将遨游在群星之间，很多今天的科幻设想将不再是幻想。

为了把太空移民从科幻变成科学现实，我们需要继承和发展人类对太空的探索和利用的全部成果，这包括了从古至今不断发展出来的航天技术。

在发射卫星之外，人类火箭访问最多的地外天体是月球，对其他星球的探测很少。由于成本原因，前往比月球更远的星球的火箭都是一次性的，把飞船送进太空后就被抛掉了，人类探测器从来没能带着火星、水星或金星的石头样本返回过。

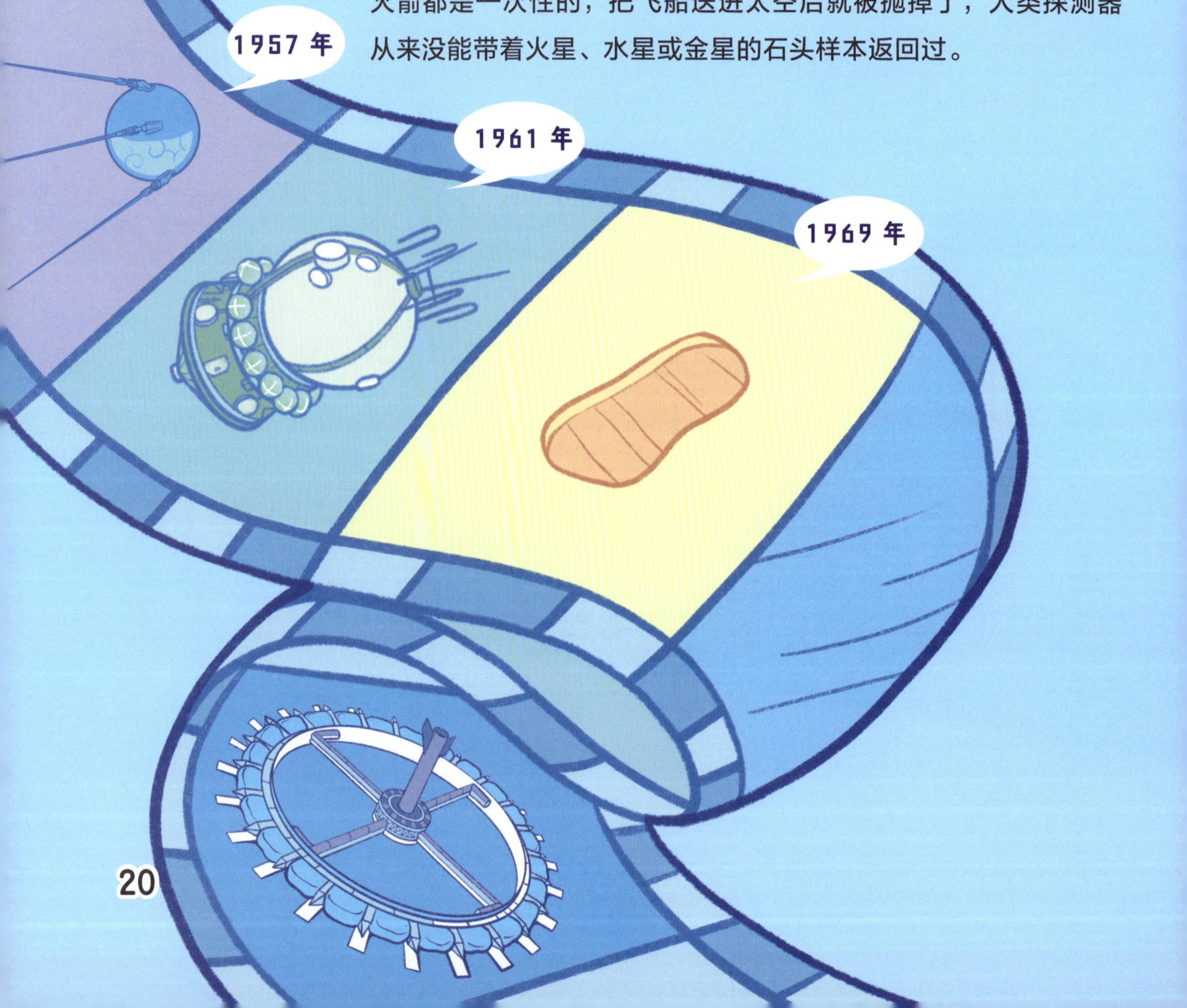

中国计划在 2030 年左右，
实现全世界首次从火星采集土壤和岩石样本，
并将其带回地球进行研究的壮举。

随着火箭可重复使用技术的发展，火箭的发射成本越来越低。这样就有更多人可以进入太空，甚至使月球和火星旅游成为可能。

为了太空移民，我们需要发展火箭技术。

目前，已经实现载人登月的火箭是美国的“土星五号”火箭。

我国计划 2030 年左右实现载人登月，将采用两发“长征十号”火箭，分别发射“梦舟”载人飞船和“揽月号”着陆器，共同完成载人登月任务。

美国和中国都在积极探索月球基地的建设，尽管计划有所不同。

美国计划在月球上建立一个可持续的人类据点，用于科学新发现、展示先进技术，并鼓励私人企业去月球发展经济。该据点将包括科研、采矿业和旅游业等多项活动。

根据美国国家航空航天局（NASA）的规划，2028 年将是月球基地建设的关键节点，为后续的火星探索奠定基础。

中国计划在 2030 年左右建设国际月球科研站，建立一个长期自主运行的综合性科学实验基地，进行月球环境和资源勘察、科研试验和资源利用技术验证。

等未来条件成熟时，中国将考虑让航天员长期驻留月球，建设可容纳人类航天员的月球基地。

国际月球科研站是在月球表面与月球轨道长期自主运行、短期有人参与，且可扩展、可维护的综合性实验设施。

小贴士

月球科研站由地月运输系统、月面长期运行保障系统、月面运输与操作系统、月球科研设施系统、地面支持及应用系统五大基础设施构成。

这些系统具备能源供应、中枢控制、通信导航、天地往返、月球科考和地面支持等保障能力，使科研站能可持续开展科学探测研究、资源开发利用、前沿技术验证等多学科、多目标、大规模的科学和技术活动。

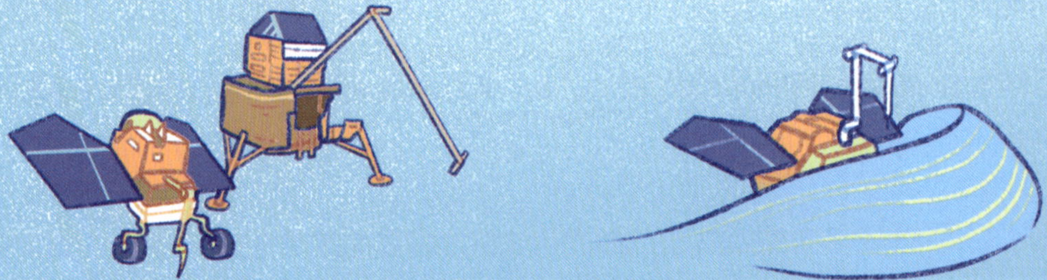

之所以先在月球而不是火星建设基地，是因为月球是距离地球最近的自然天体，其 38 万千米的航程以目前的技术只需要几天时间就能到达。

近年来，向月球发射探测器的国家和机构也不在少数。而且他们的目标似乎都是月球南极。

月球南极之所以吸引人，是因为那里可能存储大量的水冰。这些水冰不仅有助于解决饮水以及氧气供应问题，还可以制成液氢和液氧，作为火箭燃料，为未来的航天员提供便利，并减少从地球运输资源的需求。

而且，月球南极也有大面积区域常年被阳光照耀，适合建造太阳能发电设施，也适合建造地面天线与地球通信。月球基地建成后，人们可以在上面连续居住 1 年以上。

除了月球表面，月球熔岩管也是一处值得考虑的基地选址。

熔岩管是在熔岩流内部自然形成的管道。当液态的熔岩流流动时，由于表面冷却较快，会形成固体硬壳，在表层硬壳的保温作用下，其内部温度高、流速快，从而逐渐形成管道。

这种管道在月球上也存在，它们顶部由熔化岩石流冷却形成固体，而内部熔岩已流失，形成一个管状岩石结构。有的管道的顶部甚至出现坍塌，露出了内部管道结构。

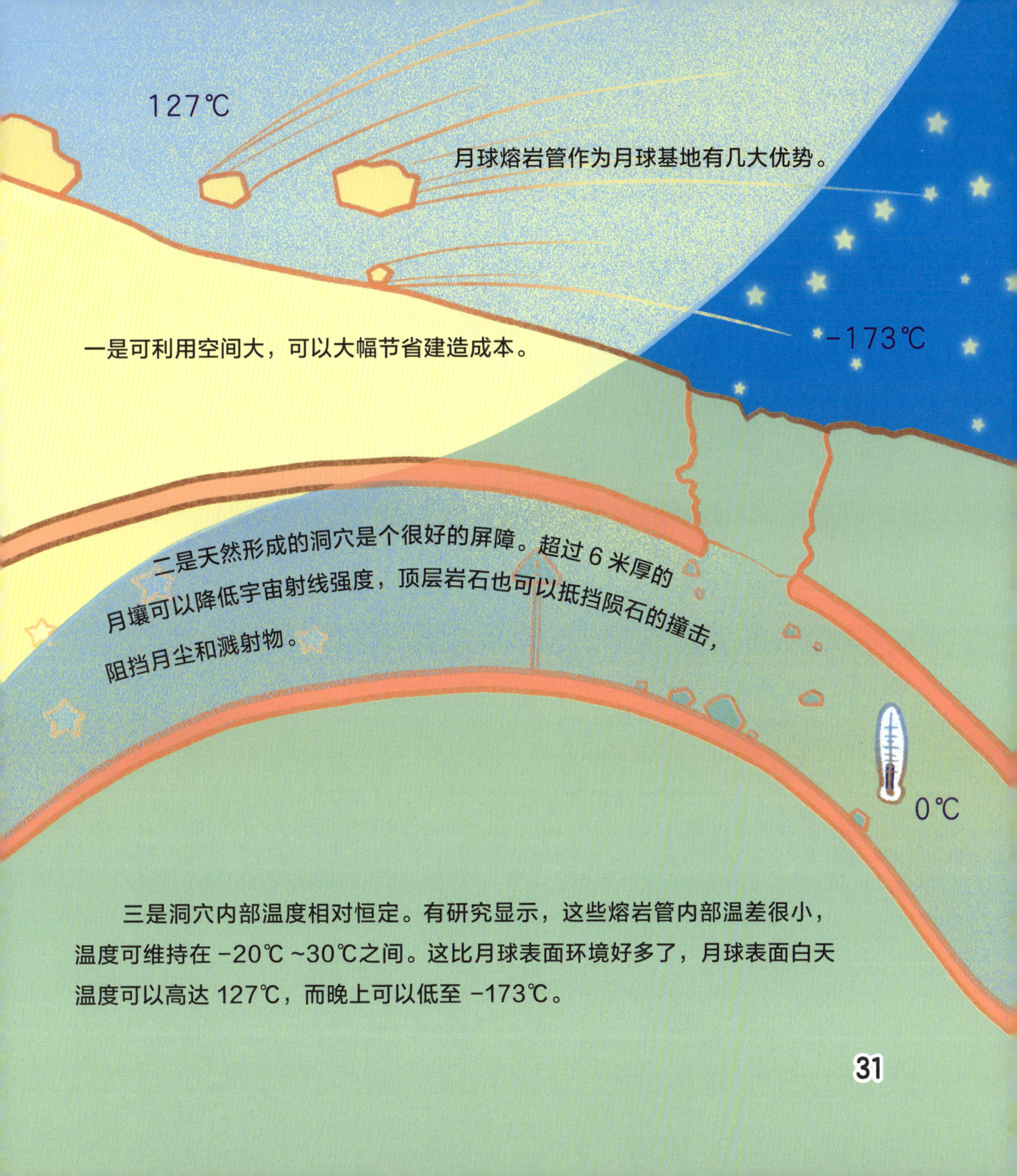

月球熔岩管作为月球基地有几大优势。

一是可利用空间大，可以大幅节省建造成本。

二是天然形成的洞穴是个很好的屏障。超过 6 米厚的月壤可以降低宇宙射线强度，顶层岩石也可以抵挡陨石的撞击，阻挡月尘和溅射物。

三是洞穴内部温度相对恒定。有研究显示，这些熔岩管内部温差很小，温度可维持在 -20℃ ~30℃之间。这比月球表面环境好多了，月球表面白天温度可以高达 127℃，而晚上可以低至 -173℃。

研究人员想了一个好主意，认为可以利用月球熔岩管来建立月球基地。

月球基地运行中涉及的封闭系统所需要的外部能量，主要用于维持人类呼吸、支持植物光合作用和控制基地内部温度。

特别是考虑到月球表面的昼夜温差超过 300℃，因此在月球表面建立基地将消耗巨大的能源。

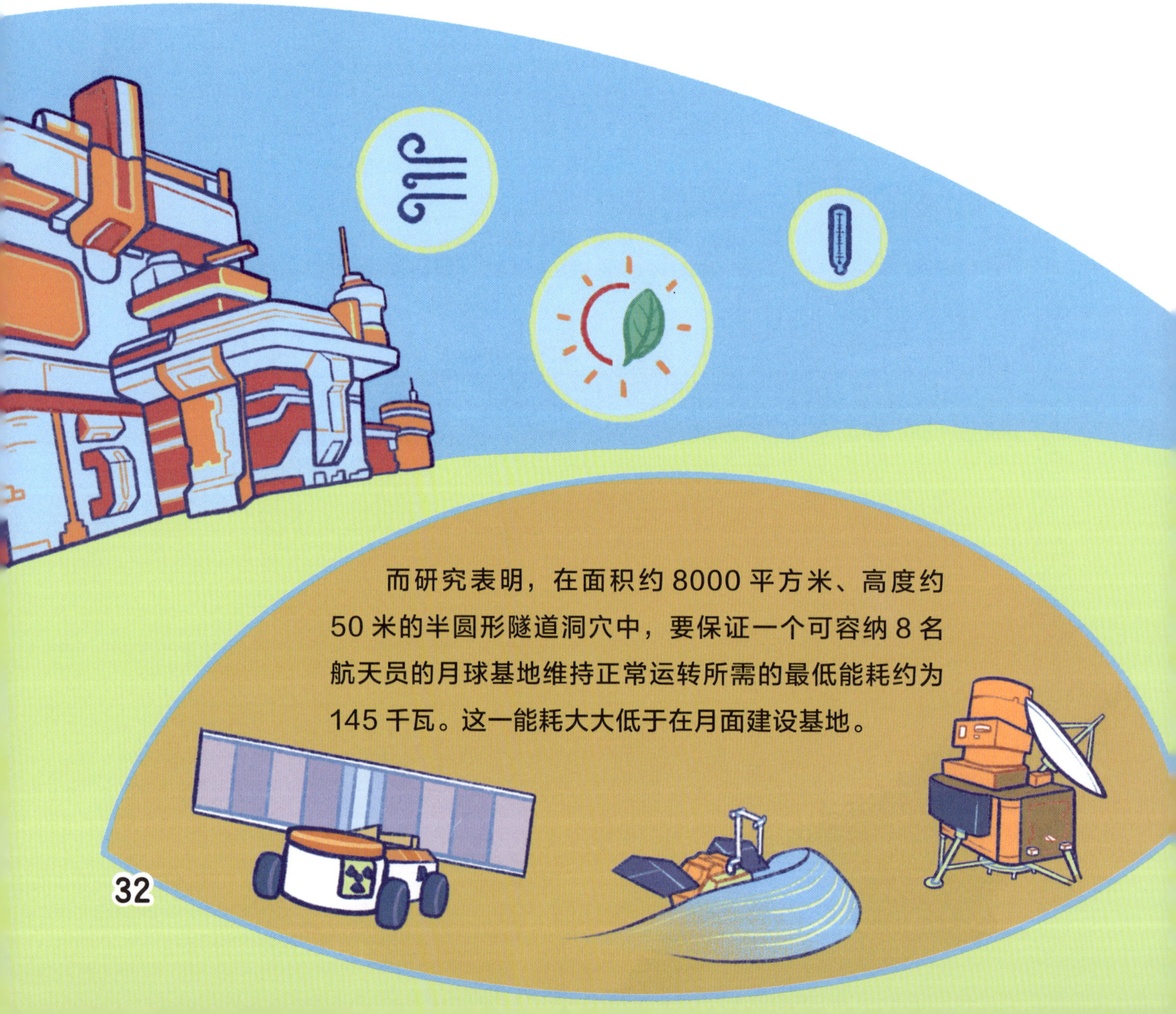

而研究表明，在面积约 8000 平方米、高度约 50 米的半圆形隧道洞穴中，要保证一个可容纳 8 名航天员的月球基地维持正常运转所需的最低能耗约为 145 千瓦。这一能耗大大低于在月面建设基地。

对于更大规模的太空基地建设，条件最好的是火星。

月球虽然离我们很近，但它没有大气层，重力只有地球的六分之一，而且缺少很多关键资源。在那里生活，空气和水只能通过复杂且昂贵的技术手段提取，成本太高了。

金星表面温度超过 400℃，大气层里充满了二氧化碳和硫酸，金属外壳的探测器到那都顶不住，更别说人类了。

火星上有个好条件——它有稀薄的大气。火箭如果有翅膀，就可以在火星大气中减速，从而减少推进剂的使用。

从长远来看，我们可以让火星变暖，让火星的大气更密集，还可以让火星表面大约 40% 的地方有液态海洋。

这样一来，我们甚至可能让火星变为一颗类似地球的行星。

现代技术、太空飞行器和太空基地建设，为太空移民提供了强大的推动力。

不过，太空移民可不是件容易的事。

以目前的火箭技术来看，去火星需要六七个月，回来也要这么久。然而，即便在有充足食物的情况下，目前航天员在载人舱里的最长耐受时间也只有 438 天，无法满足火星往返的时间需求，对于普通人来说更是难上加难。

未来，我们想移民太空，还需要探索和发展以下关键技术。

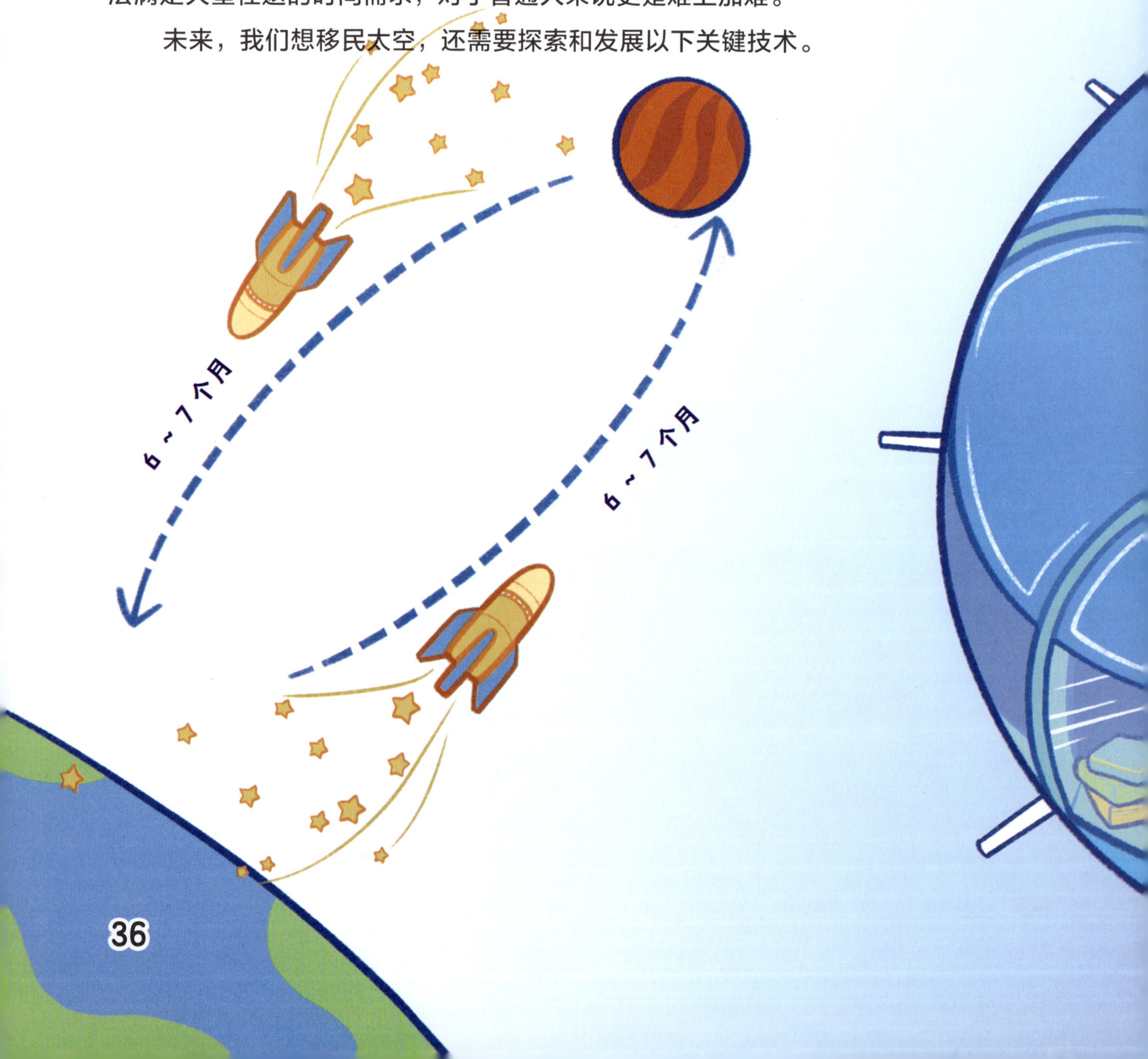

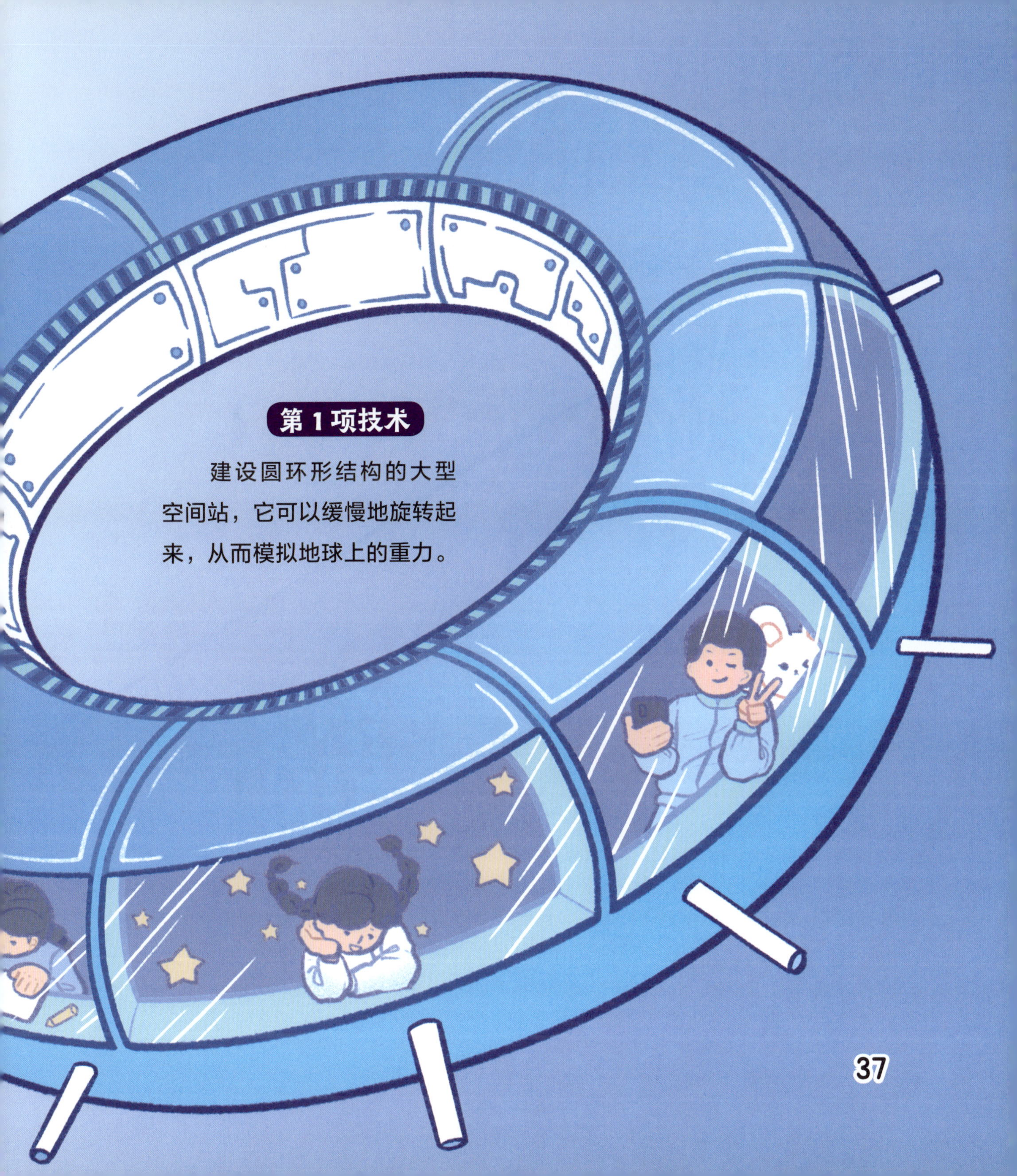

第 1 项技术

建设圆环形结构的大型空间站，它可以缓慢地旋转起来，从而模拟地球上的重力。

第 2 项技术

我们还需要解决给养问题，因此要发展全密闭的生态系统。

建立可持续的生态系统是实现太空移民的关键，需要我们克服诸多技术难题。

美国曾进行“生物圈 1 号”和“生物圈 2 号”实验，但都失败了。

现在，北京航空航天大学的“月宫一号”，其闭合度是最高的，超过了美国的“生物圈 1 号”和“生物圈 2 号”，人可以在其中待的时间也最长。

“月宫一号”里面不仅有植物，还有动物、微生物，可以实现全链条循环。相信先经过地面试验以后，未来这项技术可以在月球上由小规模试验逐渐扩大，发展人工生态圈技术。

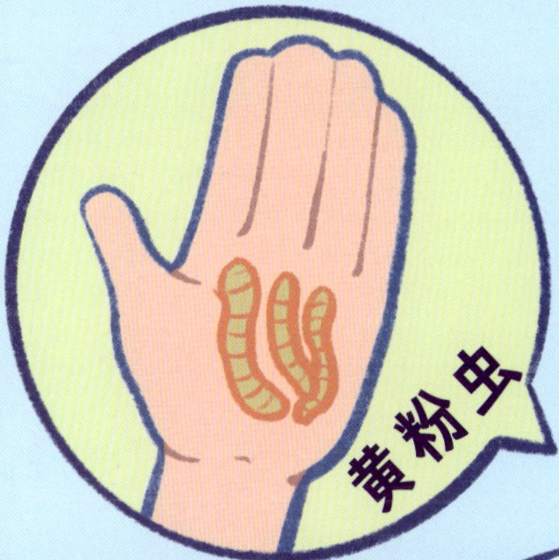

粗略估计，一个自给自足的火星城市大约需要 100 万人口，以及几百万吨的货物作为支持。

包括大量的发电设施、各种采矿活动、水冰的开采、推进剂的生产、长时间的生命支持系统等。

未来，我们不可能完全依赖星舰式的火箭跨行星旅行，应该采用多种火箭类型的组合，以追求更多的能量、更高的速度以及更高的效率。

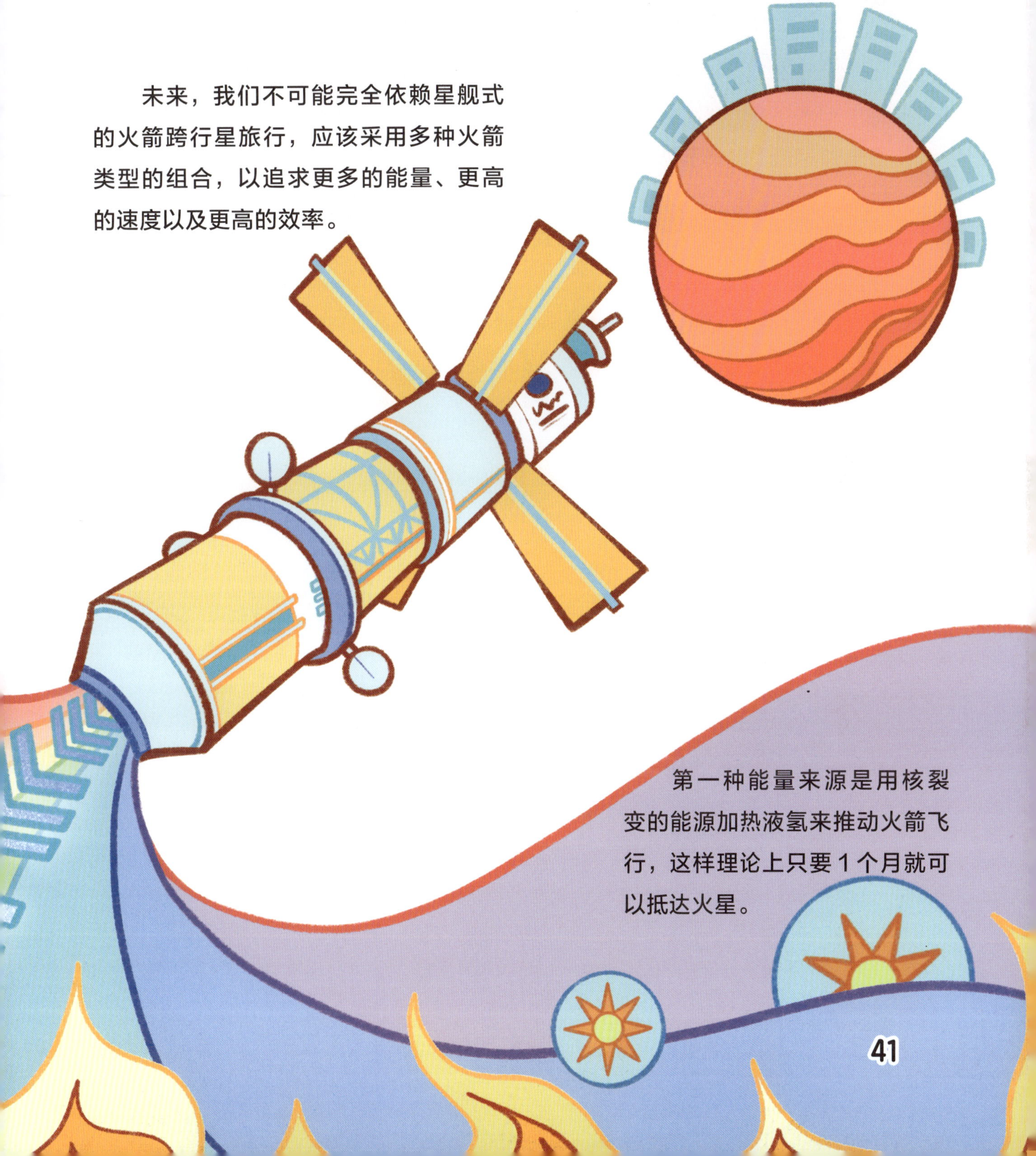

第一种能量来源是用核裂变的能源加热液氢来推动火箭飞行，这样理论上只要 1 个月就可以抵达火星。

第二种是用离子推进技术，它的能源来源于太阳能，可以实现更高的能量效率。但离子推进器需要用电磁场来加速。

9.8 牛顿推力的离子推进器，只要能连续工作几个月，就可以到达火星。

但是现在离子推进的推力还很小，中国和美国都已经实现了推动一瓶矿泉水的重量的推力，但还未实现长时间的推进。

此外，太空探索技术公司（SpaceX）的推进剂补加技术是另一个路线，即在人到火星之前，先在火星上用机器人建一家无人工厂。

因为在火星的大气中含二氧化碳，土壤中有水，可以把它们转化为液氧和甲烷推进剂。这也是 SpaceX 的创始人埃隆 · 马斯克声称他的火箭必须使用液氧甲烷的一个很重要原因，就是为了之后能够在火星上制成推进剂。

人类的活动空间在不断扩大，从最初的陆地生活，到后来发明了船只把生活场景扩大到海洋，再后来又发明了飞机能在蓝天翱翔。

20世纪中期，人类终于摆脱地球引力的束缚进入太空，以外星球长期居留为标志的太空移民将是人类文明史上的一次重大突破，将为我们打开新的发展空间和视野。

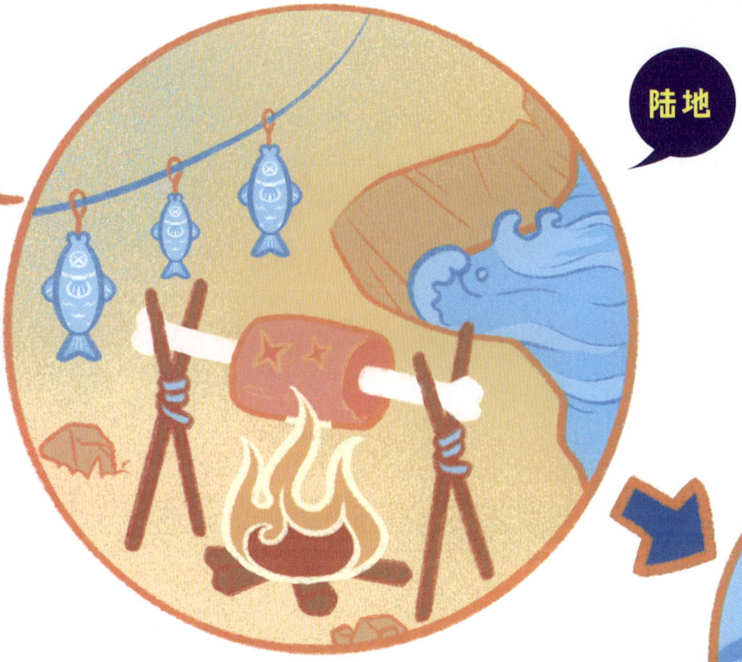

推动太空移民的深远意义不仅在于体现了科学技术的进步，更彰显了人类面对未知的勇气以及不懈的探索精神。

它将成为人类发展史上的重要篇章，见证着人类文明的进步和成长。

10 位在航天史上的标志性人物

陶成道

明朝万户，曾经在椅子上绑满火箭试图飞往太空，其壮举被公认为人类首次航天飞行的尝试。但关于“万户飞天”的记载首先来自于欧美文献，且存在传说的成分。

康斯坦丁·齐奥尔科夫斯基

苏联火箭专家，第一个推导了火箭方程，是人类航天飞行的第一位理论家和倡导者，他相信并提出移民太空将给人类带来完美、不朽和无忧无虑的生活。

罗伯特·哈钦斯·戈达德

美国物理学家、发明家，液体火箭的发明者。他于 1926 年 3 月 16 日发射了人类历史上第一枚液体燃料火箭。

谢尔盖·帕夫洛维奇·科罗廖夫

苏联太空计划的总工程师，被称为“实用航天学之父”。

尤里·加加林

苏联航天员，也是第一位进入外太空的人。

沃纳·冯·布劳恩

德国火箭专家，开创性的火箭构想者及设计工程师，第二次世界大战后成为美国航天之父，主持“土星 5 号”火箭的研发，为航天业发展做出重要贡献。

卡尔·萨根

美国天文学家和科学传播者，以致力于推广太空科学和寻找地外生命而闻名。

钱学森

中国航天事业奠基人，被誉为“中国火箭之父”，“两弹一星”创始人之一。在祖国航天业最需要的时候不顾美方阻拦从美国归来，为中国航天事业打下了基础。

尼尔·奥尔登·阿姆斯特朗

美国航天员，第一位登上月球的人。

杨利伟

中国航天员，第一位进入外太空的中国人。

如何成为一名航天员呢？

1 知识储备

要成为一名航天员，首先要有良好的科学知识储备。物理学、天文学、机械原理等学科都需要掌握好，现在不妨先学好语文、数学、英语、物理等基础学科，给未来的学习打好基础。

2 健康的体魄

其次还要有健康的体魄，良好的身体才能应对地面上的高强度训练和太空的严苛环境。

3 好奇和热爱

最重要的是，保持对宇宙的好奇和对星空的热爱。敢想是敢做的最强大的动力。回顾人类历史，从陆地到海洋、从地面到蓝天再到星空，构想都是远远走在实践前面的。

4 良好习惯

小朋友如果长大后想成为航天员，可以从现在做起，养成观测星空的良好习惯。看看明亮的大熊星座、闪耀的天狼星和皎洁的月球，把星空深深植入你的梦里。

5 航天员队伍训练

太空与航天知识很有趣，但如果有幸被选入航天员队伍训练会很苦。这时你心中的太空梦就会发出光芒，激励你咬牙坚持住。有梦想就能坚持住，期待我们这本书的读者中，能涌现出未来的航天员！

后记

在这个日新月异的科技时代，每一刻都充满了惊喜与挑战。小朋友们是未来的主人翁，他们充满了对这个世界的好奇心与探索欲。引导小朋友们正确认识科技、理解科技，激发他们对科学的热爱与追求，我们责无旁贷。

正是基于这样的考虑，我欣然接受了湖南科学技术出版社与我的老朋友——《中国日报》张周项记者的邀请，为《我是未来科学家》系列绘本担任主编。作为《第一推动丛书》的出版者，湖南科学技术出版社在我国科普界具有崇高的声誉。希望我们这套绘本，也能配得上这份历史性的声誉，甚至对它有所增益。

我为这套绘本做的第一件事，是跟邹莉编辑与张周项记者等人商定 10 个前沿领域主题。太空探索、人工智能、基因编辑、新能源、脑科学、芯片、种子……都是引人入胜而且对现实十分重要的新兴科技。当然，还有我最熟悉的量子信息。

我为这套绘本做的第二件事，是努力为本系列的各个主题邀请到相应领域的资深专家执笔。

例如复旦大学生命科学学院退休教授顾凡及先生，是我十分尊敬的科研界与科普界老前辈。他在退休后做了大量的脑科学科普，而且从不人云亦云，对许多热门消息发表过冷思考，如欧盟的人脑计划与马斯克的神经联结公司。最有趣的是，他的这些冷思考多次得到事实的验证。因此由他来担纲解读脑机接口，在质量上就有天然的保证。

又如我的中国科学技术大学师弟——中国科学院国家空间科学中心研究员周炳红博士，他是真正的航天专家，尤其是在火箭推进剂方面。他关于推进剂在失重条件下流动性的研究，对“长征五号”复飞有重要贡献。他和李明涛等同事还研究小行星防御，提出了“以石击石”的新型战略，引起国内外很多媒体的轰动。与此同时，周炳红老师也十分热爱科普，入选了“中国航天科普大使”。实际上，他的科普工作从一开始就是跟我一块做的。由他来解读太空探索，自然再合适不过。

由于篇幅关系，无法在这里对每一位作者都做详细的介绍。但我们可以确定，每一位作者在相应的领域都是响当当的专家。这是我们这套绘本最大的底气所在，是值得向所有人推荐的。

我为这套绘本做的第三件事，是自己作为作者，撰写量子科技分册。在此，我要特别感谢张周项记者，他不但自告奋勇地担任了这套绘本的执行主编，还组织了一支优秀的插画团队。书中的插图既准确又生动，表明他们确实下了很大的工夫来理解量子信息这样深奥的科技，令人十分动容！

每一个领域的专家，其实都能够下笔万言。但为了让小朋友轻松阅读、高效吸收，我们精心将每册内容凝练至适宜篇幅，并融入大量生动有趣的插图。此外，每一册最后都会列出九至十位在此领域做出重要贡献的科学家，还有一个问答：如果你想成为这个领域的科学家，你该怎么办？希望这些编排，能够激发更多小朋友对科技的热情。

《我是未来科学家》系列绘本，是我们为小朋友精心准备的一份礼物。希望通过这套绘本的陪伴与引导，小朋友们能够更加勇敢地面对未知，更加积极地探索世界，成为未来科技的引领者与创造者。让我们一起点亮未来之光，探索科技的无限可能吧！

袁岚峰

图书在版编目（CIP）数据

我是未来科学家. 太空移民时代来了？ / 袁岚峰主编 ; 周炳红著. -- 长沙 : 湖南科学技术出版社, 2024. 12. -- ISBN 978-7-5710-3312-5

Ⅰ. Z228.1；V11-49

中国国家版本馆 CIP 数据核字第 2024D65Q74 号

WO SHI WEILAI KEXUEJIA TAIKONG YIMIN SHIDAI LAI LE ?

我是未来科学家 太空移民时代来了？

主　　编：袁岚峰
执行主编：张周项
著　　者：周炳红
绘　　者：金　莎
出 版 人：潘晓山
责任编辑：邹　莉　刘羽洁
出版发行：湖南科学技术出版社
社　　址：长沙市芙蓉中路一段 416 号泊富国际金融中心
网　　址：http://www.hnstp.com
湖南科学技术出版社天猫旗舰店网址：
　　　　　http://hnkjcbs.tmall.com
邮购联系：本社直销科 0731-84375808
印　　刷：长沙市雅高彩印有限公司
　　　　　（印装质量问题请直接与本厂联系）
厂　　址：长沙市开福区中青路 1225 号
邮　　编：410153
版　　次：2024 年 12 月第 1 版
印　　次：2024 年 12 月第 1 次印刷
开　　本：889 mm×1230 mm　1/16
印　　张：3.25
字　　数：23 千字
书　　号：ISBN 978-7-5710-3312-5
定　　价：35.00 元